Лес Дружбы

Читайте в серии:

Крольчонок Люси,
или Волшебная встреча

Мышонок Молли,
или Ярмарка Чудес

Утёнок Элли,
или Украденный праздник

Котёнок Белла,
или Любопытный носик

Бельчонок Софи,
или Осторожно, драконы!

Ежонок Эмили,
или Корона для умницы

Лисичка Тыковка,
или Лунный камень

Морская свинка Рози,
или Тайна ветра

Щенок Поппи,
или Сонные чары

Котёнок Амелия,
или Колокольчик-невидимка

Хомячок Оливия,
или Рецепт волшебства

Щенок Эви,
или Жасминовый сюрприз

Выдра Хлоя,
или Серебряная ракушка

Овечка Грейс,
или Секретная песня

Котёнок Кэти,
или Сокровище песчаного замка

Бобрёнок Фиби,
или Сбежавший сапфир

Свинка Милли,
или Зеркальный лабиринт

Белёк Эми,
или Подводный клад

Щенок Холли,
или Туфли для ведьмы

Дейзи Медоус

Щенок Холли, или Туфли для ведьмы

#эксмодетство
МОСКВА
2018

УДК 821.111-31-053.2
ББК 84(4Вел)-44
М42

Медоус, Дейзи.

М42 Щенок Холли, или Туфли для ведьмы : [повесть] / Дейзи Медоус ; [пер. с англ. А. Тихоновой]. — Москва : Эксмо, 2018. — 192 с. — (Лес Дружбы. Волшебные истории о зверятах).

ISBN 978-5-699-96826-8

Рождество в Лесу Дружбы — чудесный праздник. Разумеется, злая ведьма Гризельда отчаянно пытается его испортить. Но щенок Холли вместе с Лили и Джесс приложат все силы, чтобы ей это не удалось. Даже если потребуется смастерить туфли для ведьмы!

УДК 821.111-31-053.2
ББК 84(4Вел)-44

ISBN 978-5-699-96826-8

Джульетте, с любовью

Особая благодарность
Валерии Вайлдинг

Медовое дерево
Солнечная поляна
Дом изобретений
Пещера Голди
Кафе «Мухомор»
Грибная поляна
Зонтичное дерево
Библиотека миссис Дриады
Мастер Гризел
Дерево Дружбы
Грозные камни
Сверкающий Водопад
Дом Крыльев
Пекарня
Вход в пещеры
Пекарня Пухликов

Карта Леса Дружбы

Ты сохранишь секрет мой?
Я думаю, что да!
Про лес тебе волшебный
я расскажу тогда.
За дверью в старом дубе
скрывается проход,
Бежим туда скорее —
чудесный лес зовёт!
Десятки приключений
мы там переживём,
В зверятах говорящих
друзей себе найдём!

С любовью,
Голди

ИСТОРИЯ ПЕРВАЯ

Рождественские колокольчики

ГЛАВА ПЕРВАЯ

Тёплые ириски

— Кыш! — Лили Харт отогнала двух диких гусей от маминой грядки с капустой. Её лучшая подруга Джесс Форестер помогла девочке отвести гогочущих птиц к новому пруду семьи Харт.

В старом сарае неподалёку находилась ветеринарная клиника родителей Лили «Лапа помощи». Там лечились больные зверушки, а когда им становилось лучше, их выпускали в вольеры на свежий воздух. Между голыми ветвями деревьев пробивался свет зимнего солнца и бросал на траву неровные тени. Миссис Харт вынесла в сад миски с сочной зеленью и хрустящей морковкой для кроликов, морских свинок и черепашек.

— Угостите этим гусей, — она протянула девочкам салат-латук со шпинатом. — Тогда они оставят мои овощи в покое. Дни становятся всё холоднее. Думаю, они скоро улетят в тёплые края.

— Они полетят вместе? — спросила Джесс.

Миссис Харт кивнула.

— Гуси выбирают спутника один раз и на всю жизнь, — объяснила она и отправилась кормить маленьких барсучат.

— Как будто женятся, — прошептала Лили.

Девочки взглянули на пару гусей, которые с аппетитом клевали зелень, и улыбнулись.

— Скоро мы побываем на настоящей свадьбе в Лесу Дружбы! — радостно напомнила Джесс.

Лили выудила из кармана белую карточку в форме листа, украшенную заснеженными серебряными колокольчиками. Вот что на ней было написано:

«Приглашаем вас на зимнюю свадьбу мистера Придумщика и мисс Душеньки. Церемония пройдет на Серебряной лужайке в Лесу Дружбы, празднование пройдёт в кафе «Мухомор».

— Кто бы мог подумать, что мы с тобой побываем на свадьбе филина и совы! — рассмеялась Лили.

В волшебном, таинственном Лесу Дружбы звери жили в очаровательных домиках и коттеджах. Более того, они умели разговаривать! Голди — подруга обеих девочек — частенько приглашала их в Лес Дружбы, и они вместе переживали невероятные приключения. Однажды утром Лили с Джесс обнаружили свадебные приглашения в своих резиновых сапожках и сразу догадались, что их доставила Голди.

— Мне уже не терпится познакомиться с мисс Душенькой, —

мечтательно произнесла Джесс, как вдруг что-то привлекло её внимание. Она присмотрелась к отражениям в пруду. За ними с Лили маячил ещё один силуэт... Кошка!

— Голди! — воскликнула девочка и обернулась.

И правда: на траве сидела кошечка с шёрсткой медового цвета и зелёными, как салат-латук, глазами.

Лили ахнула от восторга и крепко сжала руку подруги.

— Неужели сегодня свадьба?

Голди тут же вскочила и понеслась по саду, пробежалась по камням в Весёлом ручье и вышла на Золотой луг.

Девочки мчались за ней, пока не оказались у старого, мёртвого на вид дуба.

Почуяв приближение кошки, дерево ожило: на ветвях распустились гладкие изумрудные листья и мигом созрели плоды, в кроне засуетились весёлые малиновки — их привлекали алые ягоды. Белки карабкались по стволу, собирая орехи на зиму.

Лили с Джесс подошли ближе, и Голди коснулась дерева лапой. В коре прорезались буквы, и девочки прочли:

— Лес... Друж... бы!

В стволе появилась дверь. Джесс повернула ручку в форме листа и отворила её.

Девочки зашли внутрь вслед за кошкой, и их окутало золотое сияние. Кожу приятно покалывало: так было всегда, когда они уменьшались.

Свет рассеялся, и Лили с Джесс очутились на лесной поляне среди деревьев. С неба падали крупные, хрупкие снежинки.

— У вас идёт снег! — восхитилась Лили. — К вам вернулись Ключи зимы!

Ключи зимы — заснеженный клевер, снежинка и серебряный подснежник — творили чудеса и приносили в Лес Дружбы прекрасную, яркую зиму.

— Разве не здорово? — прозвучал тихий голос.

Девочки повернулись к Голди. Она стояла на задних лапках, а её пушистые плечи покрывал блестящий шарф.

— Привет! — крикнули девочки и поспешили её обнять.

— Надеюсь, сегодня день свадьбы и ты позвала нас не из-за

вредной Гризельды! — воскликнула Джесс. — Она вам не досаждает?

Ведьма Гризельда отчаянно стремилась выдворить всех животных из Леса Дружбы и прибрать его к рукам. Голди с девочками постоянно срывали её злобные планы, но ведьма и не думала сдаваться.

— Мы её давно не видели, что не может не радовать, — широко улыбнулась Голди. — Есть и ещё одна хорошая новость: свадьба пройдёт завтра, а сегодня я хочу вас кое с кем познакомить!

К девочкам подбежала крошечная белая собачка в красной шапочке с пушистым белым помпоном. Она тянула за собой маленькие красные сани, на которых звенели серебряные колокольчики.

— Знакомьтесь, это Холли Остролист! — представила её Голди.

— Поздравляю вас с кануном Рождества, Джесс, Лили! — приветственно тявкнула Холли. Её чёрные глазки весело блестели.

— Канун Рождества? — озадаченно переспросила Лили и взяла щенка на руки.

Холли кивнула.

— Ну конечно, в Лесу Дружбы время течёт иначе! — вспомнила Джесс и почесала собачку за ушками.

— Сегодня канун Рождества, а завтра свадьба мистера Придумщика... — задумалась Лили. — А значит, его свадьба приходится на Рождество!

— Ух ты, как здорово! — обрадовалась Джесс.

— Меня тоже пригласили, — улыбнулась Холли. — Я ученица мистера Придумщика. Когда я вырасту, тоже стану изобретателем! — Собачка спрыгнула с рук Лили и взяла с санок объёмистую стеклянную банку.

— Угощайтесь, — и она открыла банку. — Это Тёплые ириски! Они дарят вам тепло. Я сама их изобрела!

— Замечательно, сегодня как раз прохладно! — Лили запустила руку в банку. — Ой!

— В чём дело? — удивилась Холли.

— Кажется, твои лакомства уж слишком тёплые, — прошептала Лили. — Они все слиплись! — Собачка грустно опустила уши, и Лили поспешно добавила: — Но я не сомневаюсь, что они очень вкусные!

— Опять мой эксперимент не удался... — пробормотала Холли, и её хвост печально повис.

Джесс нежно обняла собачку.

— Наверняка у тебя есть и другие, ещё более невероятные изобретения!

— Я знаю, как взбодрить Холли, — улыбнулась Голди. — Мисс Душенька приглашает вас зайти к ней в «Модную лавку», где она шьёт красивую одежду.

Джесс и Лили переглянулись. Вот это да!

— Мы наконец познакомимся с невестой! — воскликнула Лили. — Ей нужна наша помощь?

Голди таинственно улыбнулась.

— Скоро узнаем!

ГЛАВА ВТОРАЯ

Ледяные звери

К зиме Лес Дружбы преобразился, и даже шорох листьев казался другим из-за рождественских колокольчиков, которые звенели в кронах деревьев.

— Мы словно попали в волшебную сказку, — нежно прошептала Лили.

Над крошечными домиками возвышались разукрашенные новогодние ели. Мыши Шустрохвосты — они жили в ветвях большого дуба — поставили на каждый подоконник в доме по миниатюрной свечке. На двери каждого жилища висело по рождественскому венку из остролиста, а когда девочки проходили мимо домика сороки Агаты Блестящее Крылышко, до них долетела весёлая песня: «Зал украшен семенами, фа-ла-ла-ла-ла, ла-ла-ла-ла. Ягодами и цветами, фа-ла-ла-ла-ла, ла-ла-ла-ла»[1].

---

[1] Это известная английская песенка, которую поют на Рождество. По-английски она называется «Deck the Hall».

Наконец девочки подошли к алой двери в стволе громадной белой берёзы. Её украшали блестящие снежинки, привязанные к ветвям серебряными лентами, а на окнах сияли белоснежные занавески, так что казалось, будто их занесло метелью. Табличка над входом гласила: «Модная лавка мисс Душеньки».

Голди постучала в дверь.

Им открыла элегантная полярная сова в позолоченном ожерелье из красных ягод. За ней виднелась мерцающая ель, обвитая гирляндой с красно-золотыми лампочками. В камине потрескивали поленья.

Сова радостно захлопала.

— Здравствуйте, мои дорогие! — ласково проговорила она. — Я так вида вас радеть! Ой, то есть рада вас видеть!

Лили с Джесс улыбнулись. Они с мистером Придумщиком созданы друг для друга — оба путаются в словах!

Они зашли в дом и ахнули при виде великолепной одежды и аксессуаров, развешанных по комнате. Оказывается, мисс Душенька обладала невероятным талантом! Гости уселись на пухлые подушки в красно-медово-снежную полоску.

— Сама их сшила, — похвасталась полярная сова и похлопала крылом по серебристой подушке с золотым узором. Там было аккуратно вышито: «Кождественские роловольчики» вместо «Рождественские колокольчики».

Подружки захихикали.

— Так, мои дорогие, за окном очень холодно, и без зимних пальто вам не обойтись. — Она подлетела к вешалкам и выхватила синее пальтишко с воротом из павлиньих перьев для Лили и фиолетовое, обитое овечьей шерстью молочного цвета, — для Джесс.

— Спасибо, — хором сказали девочки.

— Мы с мистером Придумщиком хотим отблагодарить вас за

всё, что вы сделали для жителей Леса Дружбы, — начала мисс Душенька. — Итак... Лили, Джесс, будете моими подружками невесты? — Девочки ахнули. — А ты, Холли, согласна держать букет во время венчания? — добавила полярная сова.

Лили с Джесс и слова не могли вымолвить от восторга. Они крепко обняли мисс Душеньку и только затем воскликнули:

— С удовольствием!

Холли так обрадовалась, что прыгала от счастья!

Хозяйка «Модной лавки» на минутку отошла и вернулась с двумя чудесными красными платьями, украшенными крошечными белыми пёрышками.

Лили воскликнула:

— Это платья подружек невесты?!

Мисс Душенька кивнула.

Голди погладила пушистые манжеты:

— Такие мягкие!

— Это мой детский пух, — тихонько проговорила полярная сова. — Я хранила его для свадьбы.

Холли кругами бегала по домику: её переполнял восторг.

— Эти платья — самое то для рождественской свадьбы! Они подходят по цвету к моей шапочке.

Мисс Душенька сама уже прыгала от радости:

— Я всегда мечтала выйти рамуж в Зождество! Ой, то есть выйти замуж в Рождество! — исправилась она и рассмеялась.

— Это мой любимый праздник, — призналась Холли. — Мне нравится дарить друзьям свои изобретения.

Лили огляделась. Атласные плащики для белок — с огромными карманами, чтобы складывать туда орехи, шёлковые шляпки с отверстиями для кроличьих ушей, целый

ворох вечерних платьев с головными уборами, выполненными в одном стиле...

— Наверное, у вас очень много дел, мисс Душенька, — вздохнула Джесс. — Давайте мы вам поможем?

— Спасибо, — улыбнулась сова. — Отнесёте мистеру Придумщику свадебный подарок? А я пока прибью шуговки на ваши платья...

Ой, то есть пришью пуговки! — Она протянула Джесс свёрток, перевязанный серебристой лентой. — Это жилет. Я вручную вышила на нём узоры!

— Какой чудесный подарок! Конечно, мы его отнесём, — кивнула Лили.

Девочки, Голди и Холли попрощались с мисс Душенькой и отправились к мистеру Придумщику. Там они с удивлением увидели, что рядом с Домом Изобретений, который располагался высоко в древесной кроне, появилась маленькая округлая мастерская. Её припорошило снегом, а с крыши свисали блестящие сосульки. Над дверью висела табличка: «Чудесная мастерская Холли».

— Там я работаю, — гордо заметила собачка. — Я вас потом туда свожу.

Голди прижала лапку к коре большого дерева. На ней появились круги, как на воде после броска камушка, она затрещала и зашевелилась, а через несколько мгновений превратилась в спиральную лестницу.

Девочки взобрались наверх и крикнули:

— Привет!

К ним навстречу вышел мистер Придумщик.

— Голди! А ещё Лесс и Джили, — ухнул он и нервно взмахнул крыльями. — И крошка Холли!

— У вас всё в порядке, мистер Придумщик? — заботливо спросила Джесс.

— Мы принесли вам подарок от мисс Душеньки, — добавила Холли.

Филин надорвал обёрточную бумагу.

— Какой... замечательный... подарок... — медленно пробормотал он и зажмурился. — Теперь мне ужасно стыдно.

Девочки испуганно переглянулись.

— Что стряслось? — спросила Лили.

Мистер Придумщик тяжело вздохнул.

— Я стараюсь доделать подарки для мисс Душеньки, но у меня всё ралится из вук... То есть валится из рук! Я потерял Ледострой, прибор для создания ледовых скульптур. «Дождь из конфетти» не работает. Автомат «Весёлая мелодия» тоже сломался. Северные олени Сверкающее Копытце не привезли мои свадебные сани. Надо их найти и починить все мои изобретения ко дню свадьбы!

— Мы с девочками отыщем северных оленей, — успокоила его Голди.

— Я возьму «Дождь из конфетти» к себе в мастерскую, а вы

пока займитесь автоматом «Весёлая мелодия».

— Басипо спольшое, — всхлипнул мистер Придумщик. — То есть...

Но не успел он объяснить, что хотел сказать «Большое спасибо», как девочки уже сбежали вниз по лестнице. Лили с Джесс вместе несли «Дождь из конфетти». Это была яркая коробка в разноцветный горошек с чем-то похожим на шланг, который свободно болтался и шлёпал девочек по плечам.

Наконец они спустились на землю, поставили «Дождь из конфетти» у входа в мастерскую Холли и зашли внутрь. Домик согревала маленькая печка, стоявшая в углу, так что в нём было тепло и уютно. На большой полке над столом красовались белые корзинки с бирками в форме звёзд. Судя по надписям на бирках, в корзинах лежали крайне важные предметы: картонные трубки, липкая лента, шерсть, пуговицы. Над ними нависала ещё одна полка. Там стояли изобретения Холли. А на полочке под самым потолком выстроились в ряд банки с Тёплыми ирисками.

Лили заметила блестящую пару обуви на столе.

— Это ты сделала? — спросила она Холли.

— Да. — Собачка опустила взгляд. — Мистер Придумщик считает, что совершенно не умеет танцевать. Так что я смастерила эти волшебные туфли — в них он смог бы танцевать на своей свадьбе. Вот только...

— Смотрите! — ахнула Голди, указывая лапой в сторону открытой двери. — Что за тень там промелькнула?

ГЛАВА ТРЕТЬЯ

Лес в грязи

Сани везла троица животных, и они летели прямо к мастерской! Джесс, Лили, Голди и Холли выбежали на улицу и вгляделись в зимнее небо.

— Может, это северные олени Сверкающее Копытце прибыли на свадьбу? — предположила Джесс.

— Не уверена, — покачала головой Голди.

Когда сани приблизились, оказалось, что они сделаны изо льда и в них запряжены странные ледяные создания — то ли козлы, то ли лоси. На головах жутких существ сверкали сосульки, похожие на рога. Даже их шерсть была покрыта острыми ледышками.

— Что это? — воскликнула Холли. Её голос дрожал.

Сани медленно опустились на землю, проехались по снегу и замерли. Тут девочки увидели, кто управляет санями, и пришли в ужас.

— Гризельда! — ахнула Джесс.

— Чего ей надо? — возмутилась Лили.

Зелёные волосы ведьмы извивались вокруг костлявого лица, мантия закрутилась вокруг фиолетовой туники и узких чёрных брюк. Она топнула ногой в остроносом сапоге и с громким криком погнала ледяных зверей прямо на девочек.

— Осторожно! — взвизгнула Джесс. — Она нас раздавит!

Лили взяла Холли на руки. Девочки ринулись в одну сторону, Голди — в другую, и они чудом спаслись.

Гризельда дёрнула поводья, и сани затормозили. Она перегнулась через борт и схватила «Дождь из конфетти».

— Ха! — загоготала она. — Я украла ваш дурацкий прибор!

Джесс хотела было отнять машинку, но не решилась подойти к жутким созданиям, которые яростно били копытами по заснеженной земле.

Гризельда приставила палец к «Дождю из конфетти», и из него полетели искры.

— Она накладывает чары! — догадалась Лили.

Холли закрыла мордочку лапами, а Гризельда гордо сказала:

Позабудь о цветных конфетти,
Замени их на чёрную грязь!
Этот лес им уже не спасти —
Его жижей вонючей укрась!

Гризельда прицелилась в дерево, нажала на кнопку, и вместо чудесных конфетти из носика полетела отвратительная жижа. Не прошло и минуты, как дерево покрылось грязью.

— Прекрати! — приказала ей Лили.

— Ха! Я утоплю весь ваш лес в грязи! — пригрозила ведьма. — Испорчу ваше Рождество! А когда снег растает, мерзкая жижа протечёт в домики всех зверей. Им придётся уйти из леса, и он наконец станет моим!

Она встряхнула поводьями, и ледяные звери подняли сани в воздух. Гризельда улетела прочь, не переставая стрелять из своего Грязеплюя во все стороны.

Джесс онемела от ужаса.

— Она испортит не только Рождество, но и свадьбу мистера Придумщика и мисс Душеньки!

Глазки Холли наполнились слезами.

— Бедный мистер Придумщик, — прошептала она. — Бедненькая мисс Душенька...

Лили обняла её и повернулась к подруге.

— Джесс, мы не дадим Гризельде испортить нам и всем зверям праздник! Мы спасём Рождество, свадьбу и Лес Дружбы!

— Но как? — жалобно спросила Голди.

— У тебя есть какие-нибудь недавние изобретения, которые нам пригодятся? — обратилась Джесс к Холли.

Собачка грустно посмотрела на неё:

— Я смастерила танцетуфли для мистера Придумщика, но они никак не могут перестать танцевать. — Её хвостик печально повис. — Я не особо хороший изобретатель.

— Глупости! — возразила Лили и обняла Холли. — Ты умница!

— Ничего не работает как надо, — всхлипнула собачка. — Даже Тёплые ириски мне не удались.

— Ну конечно, — просияла Лили. — Тёплые ириски! Они же липкие. Может, нам удастся забить ими Грязеплюй и Гризельда больше не сможет стрелять вонючей жижей!

— Отличная мысль, — улыбнулась Джесс.

Собачка навострила ушки.

— Думаете, это сработает?

— Не попробуем — не узнаем! — весело ответила Лили.

Они вернулись в «Чудесную мастерскую Холли», и Голди набрала целую корзинку Тёплых ирисок. Подружки взяли её с собой и отправились искать Гризельду.

Ведьма тем временем уже успела сильно испоганить лес. Она облила вонючей жижей все украшения, и рождественские колокольчики больше не звенели, потому что были забиты влажной землёй.

Джесс подошла к гирлянде из бумажных северных оленей и про-

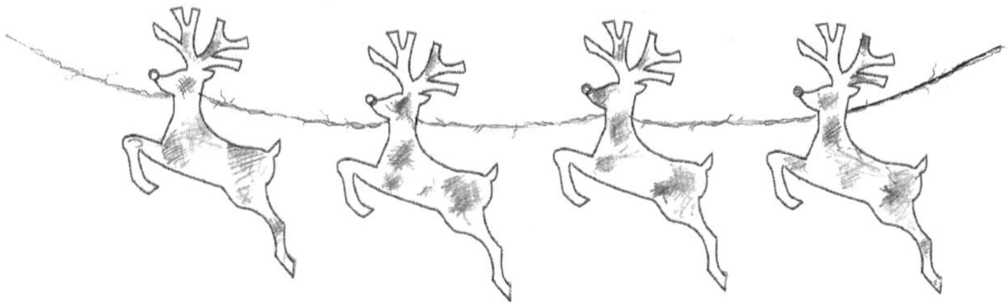

вела по ней рукой. На ладонь тут же налипла тошнотворная грязь.

— Фу, — сморщилась девочка. — Эта пакость ко всему липнет!

Они поспешили к «Модной лавке» мисс Душеньки, но там их ждало очередное потрясение.

Берёза увязла в жирной грязи, как и весь лес.

Лили распахнула дверь и взвизгнула.

— О нет!

Платья невест были безнадёжно испачканы, а свадебный наряд

мисс Душеньки забрызган коричневой жижей.

Сова грустно ухнула и вышла из-за прилавка.

— Всё испорчено, — зарыдала она.

Холли взволнованно тявкнула.

— Никуда не уходите! — бросила она и умчалась прочь, увязая белыми лапками в грязном снегу.

— Холли! — крикнула ей вслед Джесс. — Ты куда?

ГЛАВА ЧЕТВЁРТАЯ

Красящие пузырики

Голди отмыла чайник, вскипятила и заварила ежевичный чай для мисс Душеньки.

Джесс высматривала в окне Холли, а Лили разглаживала сове белые пёрышки.

— Не переживайте, — твердила она. — Всё образуется.

— Спасибо, мои дорогие, — дрожащим голосом ответила мисс Душенька. — Но я не кредставляю себе, пак. Ой, то есть не представляю себе, как!

— Холли возвращается! — крикнула Джесс.

Собачка вбежала в «Модную лавку», сжимая в лапах бутыль, до половины заполненную кристаллами. Этикетка гласила: «Красящие пузырики».

— Я приготовила раствор из мыльноцветов, которые растут у реки, — выдохнула изобретательница. — Хотела, чтобы он всё красил в синий. Но эксперимент не удался. Раствор не красит — он очищает! Придётся сменить этикетку.

Джесс пригляделась к миниатюрным сине-зелёным кристаллам.

— Как этим пользоваться?

— Смешиваете с водой, и от неё поднимаются мыльные пузыри, — принялась объяснять Холли. — Они лопаются и убирают любую грязь. Ими можно что угодно почистить! — Она улыбнулась мисс Душеньке. — Даже свадебный наряд, платья подружек невесты, да и вообще всю одежду, которую вы сшили!

Полярная сова обняла собачку крыльями.

— Спасибо!

Лили поцеловала щенка в макушку.

— Какая же ты умная!

— Но стойте, так нельзя, — покачала головой мисс Душенька. — Куда важнее очистить Лес Дружбы от грязи и спасти Рождество, а не заниматься моими платьями!

— А у меня есть идея, как всё разом отмыть, — широко улыбнулась Холли. — Идите за мной!

Голди подхватила корзинку с Тёплыми ирисками, и все поспешили за собачкой. Они осторожно пробирались по слякотным дорожкам к Ивовой реке, стараясь не поскользнуться.

На берегу Холли откупорила бутыль.

— Я насыплю кристаллы в реку, и тогда мыльных пузырей хватит на весь лес! И, конечно же, на «Модную лавку» мисс Душеньки.

Она высыпала в воду почти всё содержимое бутыли, и на поверхности тут же показался громадный синий пузырь. Бульк! Он оторвался от глади воды и медленно полетел к берегу. Тут появился ещё один... И ещё...

Первый пузырь лопнул на перьевой траве.

Хлоп!

Трава в мгновение ока заблестела чистотой и снова стала ярко-розовой.

Хлоп! Лопнул второй пузырь. Третий...

Пузыри лопались, и грязь исчезала прямо на глазах.

Бульк! Бульк! Бульк!

Хлоп! Хлоп! Хлоп!

Мисс Душеньку и четырёх подружек окружили синие мыльные пузыри.

— Мы словно попали в голубое небо, — засмеялась Джесс.

— Или глубокое море, — добавила Лили.

Наконец пузыри закончились, и потрясённые девочки огляделись вокруг.

— Ни пятнышка не осталось! — ахнула Джесс. — Вот это гениальное изобретение!

Холли завиляла хвостом.

— Я хотела сделать краску, а не раствор для очищения, — вздохну-

ла она. — Но всё-таки он оказался полезным. Подарю его своим двоюродным сестрёнкам и братишкам, хаски Быстролапам. Они часто путешествуют с санями и возвращаются все в грязи.

— Скоро весь лес будет сверкать! — радостно ухнула мисс Душенька. — Мы спасли Рождество!

— Наверное, в «Модной лавке» уже всё отмылось, — улыбнулась Голди. — Теперь надо забить Гряземплюй.

Девочки мирно наблюдали за тем, как пузыри летают меж ветвей, но тишину внезапно нарушил сердитый возглас.

Сквозь кроны деревьев к ним неслись сани Гризельды.

Подружки юркнули за куст лимонных ягод прежде, чем ведьма успела приземлиться.

Лили прижала к себе Холли и прошептала:

— О нет! Гризельда заметила, что мы убрали всю грязь. Что же она теперь сделает?

ГЛАВА ПЯТАЯ

Взрыв Грязеплюя

Из своего укрытия девочки слышали, как Гризельда ворчит на впряжённых в сани зверей.

— Зачем вам пить? Вы же ледяные! — сердилась ведьма.

Несчастные создания натянули поводья и устремились к реке. Они так жадно хлебали воду, что Джесс с Лили стало их очень жалко.

— Гризельда их совсем вымотала, — тихо проговорила Джесс.

— Давайте подберёмся к Грязеплюю, пока они пьют, — прошептала Лили.

Подружки взяли несколько горстей Тёплых ирисок из банок Хол-

ли и слепили из них большой липкий шар.

Пока ведьма стояла на берегу и отчитывала ледяных тварей, Джесс подкралась к Грязеплюю и залепила его липкими конфетами, а затем убежала обратно за куст.

Гризельда подошла к саням и пробормотала:

— Эти вредные девчонки вечно суют свой нос в мои дела! Както умудрились весь лес отмыть. Ну погодите, я снова залью его вонючей жижей!

Она взяла с саней Грязеплюй, и подружки захихикали.

Ведьма резко развернулась.

— А? Кто там прячется?

— Ой! — тявкнула Холли. — Она нас услышала!

Гризельда широким шагом подошла к кусту лимонных ягод.

— Вы! — завопила она. — Глупые девчонки и любопытная кошка! Опять хотите мне помешать? А, и подружек новых завели! — Она покосилась на мисс Душеньку и Холли. Собачка испуганно глядела на неё из-за спины Джесс. — Полярная сова и белый щенок с грязными лапами? — хмыкнула ведьма. — Ну ничего, скоро вы все окажетесь в грязи!

Она навела на них Грязеплюй и нажала на кнопку.

Холли отчаянно зажмурилась, но бывший «Дождь из конфетти» только зашипел.

— Ничего не выйдет! — крикнула Лили. — Он забит!

— Чушь! — отмахнулась Гризельда и снова попробовала выстрелить.

БАХ!

Грязеплюй взорвался. Задняя часть оторвалась, и вся жижа плеснула в Гризельду. Ведьма яростно взвыла. С одежды и зелёных волос закапала жидкая грязь.

С её подбородка оторвался и упал на снег комок грязи. Гризельда не выдержала, отбросила сломанный Грязеплюй и прыгнула обратно в сани.

— Бесполезная штуковина! — прошипела она. — Гадкие девчонки! Я вам ещё покажу! Это только начало!

Она тряхнула поводьями, и запряжённые ледяными зверьми сани унеслись прочь.

Лили обняла Джесс и радостно воскликнула:

— Мы победили Гризельду с помощью изобретения Холли! Ура!

Мисс Душенька поцеловала щенка в лоб.

— Ты спасла Рождество, Холли! Ты умница!

Собачка сияла от счастья.

— Спасибо! — пропела она. — Жалко только, что изобретение мистера Придумщика сломалось...

— Давайте отнесём это ему. — Джесс подобрала со снега обломки «Дождя из конфетти». — Он сумеет его починить.

Они поспешили к дому филина, утопая в чистом снегу. Когда подружки шли по тропе, окаймлённой высокими соснами, Холли заметила что-то на земле.

— Тяв! Это бумажный змей! — объявила она.

Лили подошла к змею и внимательно его рассмотрела.

— Его смастерили из страницы, вырванной из книги изобретений мистера Придумщика. Видите, сколько там заметок и схем? — Она перевернула бумагу. — О нет!

— В чём дело? — испугалась Джесс.

Лили протянула ей змея.

«Масите спеня!»

Девочки пришли в ужас.

— Мистер Придумщик попал в беду!

Глаза мисс Душеньки наполнились слезами.

— Прошу вас, — всхлипнула она. — Помогите мне его спасти!

Девочки нежно обняли сову.

— Конечно, мы вам поможем, — успокоила её Лили.

— Мы что-нибудь придумаем, — кивнула Джесс.

ИСТОРИЯ ВТОРАЯ

Волшебные колокольчики

ГЛАВА ПЕРВАЯ

Бедняга мистер Придумщик!

Голди, мисс Душенька, Холли и девочки остановились в сосновой аллее, чтобы продумать план. Лили сжимала в руке бумажный змей, на котором мистер Придумщик написал отчаянную мольбу о помощи.

Мисс Душенька так опечалилась, что девочки посоветовали ей слетать домой и проверить, помогли «Красящие пузырики» Холли очистить «Модную лавку» от грязи.

— Мы выясним, что стряслось с мистером Придумщиком, — пообещала Лили. — Боюсь, в этом замешана Гризельда.

— Мы не позволим ей испортить ни вашу свадьбу, ни Рождество, — добавила Джесс.

Полярная сова улетела, и девочки поспешили к Дому Изобретений мистера Придумщика. Когда они пришли туда и увидели сани Гризельды, им стало не по себе. Ледяные звери жевали траву, которая пробивалась сквозь снег, и не обращали на них внимания.

Голди показала лапой на верхушку спиральной лестницы. Из Дома

Изобретений спиной вперёд выходила зеленоволосая ведьма и тащила за собой огромный зелёный автомат с рычажками и кнопками.

— Гризельда! — ахнула Холли. — Она прокралась в дом мистера Придумщика!

— И забрала автомат «Весёлая мелодия»! — воскликнула Джесс.

— Вам удалось спутать мои грязные планы! — хохотнула ведьма. — Но у глупого филина есть и другие полезные изобретения. — Она разразилась смехом. — Я поймала его и заставлю показать мне, как они работают. Я испорчу Рождество и ваш драгоценный лес. Скоро в нём не останется зверей, и он станет моим! Только моим!

Она прикоснулась костлявым пальцем к ручке двери и произнесла заклинание:

Вот ты и заперт, стучи — не стучи,
Вот под замком ты и днём,
и в ночи,
Лишь у Гризельды хранятся ключи!
Ведьма, Лес Дружбы себе получи!

Гризельда щёлкнула пальцами. Ледяные создания подняли сани в воздух и зависли у входа в Дом Изобретений. Ведьма бросила автомат «Весёлая мелодия» в сани и сама в них запрыгнула.

— Н-но! — крикнула она и тряхнула поводьями. В автомате заиграли рождественские песенки, и Гризельда фыркнула. Ледяные звери понесли сани прочь, лавируя между деревьями.

Стоило ведьме улететь, как в окне Дома Изобретений возник печальный, поникший силуэт.

— Мистер Придумщик! — окликнула его Лили и сложила ладони рупором. — Вы в порядке?

Филин медленно, грустно кивнул.

— Не переживайте! — успокоила его Джесс. — Сейчас мы вас спасём!

Мистер Придумщик покачал головой.

— Сперва защитите наш лес от Гризельды! — крикнул он. — Норее за скей!

Голди непонимающе нахмурилась.

— Он имел в виду «Скорее за ней», — объяснила Лили.

— Мистер Придумщик прав, — кивнула Джесс. — Надо позаботиться о зверях.

— И о Рождестве, — добавила Холли.

— Мы вернёмся как можно скорее! — прокричала Джесс запертому в доме филину.

— Скорее, девочки! Побежали за Гризельдой! — скомандовала Лили.

Они ринулись в лес, отчаянно стараясь не выпускать сани из вида. Подружки пересекли луг, над которым волшебным образом витали, не падая, серебряные снежинки, пронеслись мимо рощи ёлок, украшенных красно-золотыми бантиками и огромными, блестящими звёздами. Лес выглядел великолепно, но, к сожалению, у девочек не было времени любоваться праздничными украшениями.

Холли затормозила в лощине, по обе стороны от которой возвышались каменистые холмы.

— Я потеряла сани Гризельды! — с тревогой воскликнула она.

Лили забралась на холм и вгляделась в небо.

— Тише, — попросила она. — Прислушайтесь, не играет ли где музыка?

В зимний воздух вплеталась мелодия флейты «Дин-Дон, в небе колокольчики звенят»[1].

Вдруг Холли тявкнула.

— Вон они! — Собачка указала на три высоких холма с округлыми верхушками. Их покрывало пышное снежное одеяло. Лили они напомнили свежие булочки, посыпанные сахарной пудрой.

Холли почесала затылок.

— Это Лиловые холмы. Что Гризельда там забыла?..

— Не знаю, — ответила Голди. — Но у меня плохое предчувствие...

---

[1] Это известная английская песенка, которую поют на Рождество. По-английски она называется «Ding Dong Merrily On High».

ГЛАВА ВТОРАЯ

Лавина!

Музыка из автомата мистера Придумщика внезапно переменилась. Вместо колокольчиков, флейты и звонкого пианино заиграли скрипучая скрипка, ревущая труба и глухие барабаны.

Подружки зажали уши ладонями.

— Какой ужас! — воскликнула Лили, когда к другим испорченным инструментам присоединилась свистящая флейта.

— Ведьмовская мелодия! — ахнула Голди.

Холли затявкала:

— Она режет мне уши!

Джесс подхватила собачку на руки, спрятала под пальто и натянула её красную шапку на пушистые ушки.

Тут музыка заиграла так громко, что у них под ногами задрожала земля.

Лили подпрыгнула.

— Это землетрясение!

По лесу разнёсся жуткий свист, и Голди показала лапой на верхушки холмов:

— Глядите!

Вниз по Лиловым холмам катились большие снежки — снача-

ла медленно, а потом всё быстрее и быстрее. На них налипал свежий снег, и пугающие шары росли.

— Они становятся всё больше! — взвизгнула Лили.

Огромные снежки неслись к подножию холмов и с каждой секундой увеличивались в размерах.

— Лавина! — завопила Голди вне себя от страха. — БЕЖИМ!

Девочки помчались вслед за ней.

— Сюда! — Голди повернула к высокому камню с широким выступом. Подружки сбились в кучку под каменным навесом, и в то же мгновение о землю разбилось несколько громадных снежков. Пушистый снег разлетелся во все стороны.

Музыка трубила вовсю.

— Все целы? — спросила Голди.

— Д-да, — ответили все хором.

— Но как же лес? — вздохнула Холли.

Растения оказались погребены под снегом, и его мощный напор сорвал цветы со стеблей и обломал ветви кустов.

Джесс всмотрелась в небо. Ледяные создания мчались галопом по воздуху и несли за собой сани. Мелодия становилась только громче. Мало того, Гризельда решила добавить к музыке слова и пропела скрипучим голосом:

Пусть лавина снесёт этот лес
И утопит зверей в снегу!
Будет белый сугроб до небес,
Я Лес Дружбы себе заберу!

Холли разрыдалась:

— Какая же она злюка!

Ведьма улетела, и подружки выбрались из укрытия. Лес был укрыт толстым слоем снега, и резкая музыка сталкивала с холмов всё новые снежные шары.

Бедные зверьки выбрались на крыши своих домиков и забрались на деревья в поисках надёжного укрытия.

— Мы должны им помочь, — покачала головой Лили. — Домики животных поглотит лавина!

— Она хочет утопить Рождество в снегу! — заскулила Холли.

— Ты права, — согласилась Джесс. — Все гирлянды занесло снегом.

У Холли грустно повисли усики, ушки и хвост.

— Думаете, она на этом не остановится? И погребёт под снегом весь лес?

Лили крепко обняла собачку.

— Мы ей не позволим! — твёрдо сказала она. — Мы помешаем Гризельде уничтожить лес! И успеем до Рождества.

— И до свадьбы, — добавила Голди.

— Надо отвлечь ведьму от автомата «Весёлая мелодия», чтобы она не вызвала очередную лавину. Потом выручим мистера Придумщика, — предложила Джесс.

— И найдём способ растопить снег, — напомнила Голди.

Сколько всего предстояло сделать за такой маленький промежуток времени!

Тут Лили блеснула идеей:

— Холли, помнишь, у тебя не удались танцевальные туфли? Они никак не могут прекратить плясать.

Собачка печально кивнула.

— Слушайте, — широко улыбнулась Лили. — У меня появилась отличная мысль!

ГЛАВА ТРЕТЬЯ

Серебряные ботинки

— Давайте подсунем Гризельде танцевальные туфли Холли, — предложила Лили. — Она пустится в пляс и уже не сможет за нами погнаться!

Собачка широко распахнула глаза:

— Так моё изобретение всё-таки пригодится?

Голди вздохнула:

— Мысль хорошая, но твоя мастерская очень далеко отсюда.

Холли сжала лапки Голди в своих.

— Билли Крепыш одолжит мне пару обуви, а я её слегка изменю, как и те туфли!

— Билли Крепыш? — переспросила Джесс. Этого зверька она ещё не видела.

— Наш сапожник, — объяснила Голди. — Он мастерит и чинит обувь.

Холли радостно запрыгала по снегу.

— Побежали!

Лили подхватила её на руки.

— Маленьким щенкам опасно гулять по сугробам, — сказала она. — Просто скажи нам, куда идти.

Они преодолели покрытую льдом тропу, несколько раз чуть не поскользнувшись, и Холли указала на дверь кукурузного цвета, которая виднелась на холме — крышу и стены домика засыпало снегом.

Вместо колокольчика с двери свисала небольшая туфля, и Джесс постучала ею в дверь. Им тут же открыл Билли Крепыш. Он оказался козлом с золотисто-коричневой шёрсткой, витыми рогами и в начищенных зелёных ботинках.

— Добро пожаловать! — проблеял сапожник. — Что привело вас сюда в такой ужасный снегопад?

Лили объяснила ему, что случилось, и добавила:

— Мы решили спросить, нет ли у вас туфель или сапог на ведьму. Нам надо отвлечь Гризельду и отобрать у неё автомат «Весёлая мелодия».

— Ба! Так вот из-за кого сошла лавина! — воскликнул Билли. — Вам повезло: у меня есть то, что надо. Я смастерил огромную пару серебряных ботинок — хотел повесить их на дверь, чтобы все видели, какую роскошную обувь я тут делаю.

Он подошёл к столу и взял с него ботинки.

— Самое то! — одобрила Джесс.

Билли вынес девочкам круглую коробку, обклеенную пуговками.

— Здесь у меня разные аксессуары. Может, найдёте, чем украсить ботинки. — Тут он рассмеялся. — Ба-ха-ха! Ничего в форме жаб с бородавками и чёрных котлов у меня нет, но вы наверняка что-нибудь да отыщете.

Пока Голди с девочками просматривали аксессуары, Холли позаимствовала инструменты сапожника.

— Ботинки надо слегка дополнить, — объяснила она.

В круглой коробочке нашлись тряпичные цветы, фарфоровые пуговицы с узорами, блестящие пряжки и шёлковые кисточки.

— Ничего колдовского, — разочарованно протянула Лили.

Вдруг Джесс заметила мерцание на дне коробки. Она порылась в ней и извлекла несколько блестящих фиолетовых драгоценных камней, каждый размером с куриное яйцо.

— Гризельда будет в восторге! — обрадовалась Голди. — Она очень жадная до сокровищ.

Девочки передали ботинки Холли. Лапки замелькали над яркой парой обуви, и вскоре почти всё было готово. Напоследок собачка повесила на каждый ботинок по крошечному красному колокольчику.

— Волшебные колокольчики, — объяснила она.

Девочки взяли у Билли самый прочный клей и приклеили на носки ботинок самые большие камушки.

— Готово! — объявила Лили.

— Всё благодаря Холли и Билли, — улыбнулась Джесс.

Они попрощались с весёлым сапожником и отправились на поиски Гризельды.

В лесу всё громче звучала душераздирающая музыка, и цепкий взгляд Голди быстро выхватил в небе ледяные сани Гризельды. Судя по всему, ведьма летела к дому мистера Придумщика.

— Наверное, хочет ещё что-нибудь украсть, — догадалась Холли.

Подружки побежали вслед за санями и оказались на месте как раз в ту минуту, когда ведьма приземлилась. Она уже подошла к дереву, как вдруг обратила внимание на «Чудесную мастерскую Холли».

— Ну-ка, что тут у нас? — прошипела она и направилась к домику.

— Скорее, давайте подбросим ей ботинки! — пискнула Лили.

Джесс помчалась к большому пню и водрузила на него волшебную пару обуви. Рядом затрубила жуткая музыка. Подружки поспешно спрятались за кустом и зажали уши.

Гризельда заглянула в окно мастерской.

— Хм! — фыркнула она. — И это — изобретения? Просто гора мусора!

Холли сердито подпрыгнула.

— Гадкая ведьма!

— Тише. — Лили прижала её к себе. — Скоро она поймёт, какой ты замечательный изобретатель!

Гризельда развернулась и увидела серебряные ботинки.

— О-о! — протянула она и подошла ближе. — О-о! — Ведьма скинула чёрные сапоги с острыми носами. Под ними обнаружились фиолетово-зелёные полосатые колготки. — Эти уже промокли, — пробормотала она. — Возьму новые!

Она нырнула шишковатыми ступнями в яркие ботинки.

В ту же минуту зазвенели волшебные колокольчики, ноги ведьмы задрожали и задёргались. Колокольчики заиграли ещё веселее.

— Она танцует! — прыснула Джесс.

— А-а! — завизжала Гризельда. Она прыгала и кружила по снегу, огибая деревья. — Ой! Я не могу остановиться! Спаси-ите!

Вдруг Джесс вышла из укрытия и побежала к ведьме.

— Стой! — Лили вскочила на ноги и закричала: — Джесс, ты куда? Вернись!

ГЛАВА ЧЕТВЁРТАЯ

Автомат «Весёлая мелодия»

Гризельда кружилась в энергичном танце, а Джесс прямо на глазах у Лили и остальных выбежала из-за куста, приблизилась к ведьме и выхватила что-то у неё из кармана. Несчастная так громко вопила и так быстро вертелась, что ничего не заметила.

Джесс вернулась к подругам.

— Смотрите! — Она держала в руках золотой ключик.

— Волшебный ключ Гризельды! — ахнула Лили, стараясь перекричать оглушающую музыку.

Джесс обняла Холли.

— Мы бы не справились без твоего изобретения! — громко произнесла она.

Собачка засияла от гордости.

Гризельда, танцуя, унеслась прочь со злобными визгами.

— Давайте скорее заберём автомат «Весёлая мелодия», пока ледяные создания Гризельды не улетели в небо с санями! — с волнением проговорила Голди.

— Подождём, пока они отвернутся, — предложила Джесс.

В эту же минуту ледяные звери отвлеклись на аппетитную траву, которая выглядывала из-под снега.

— Теперь мы проскользнём незамеченными, — обрадовалась Голди.

Лили с Джесс подкрались к саням, подняли автомат и притащили его в укрытие за кустом. Шум был просто невыносимым!

— Холли! — крикнула Лили. — Ты сумеешь оборвать музыку прежде, чем она вызовет очередную лавину?

Собачка изучила рычаги и кнопки на автомате и покачала головой.

— Это свежее изобретение мистера Придумщика, — пробормотала она. — Я не знаю, как с ним работать. — Её усы виновато повисли. — Была бы у меня его записная книжка...

Джесс поразила внезапная, удачная мысль.

— Слушай, а ведь того бумажного змея он сделал из страницы, которую вырвал из своей книги изобретений? — Она достала из кармана мятый лист и внимательно вгляделась в строки, перекрытые выведенной в спешке просьбой о помощи. — Точно!

Девочка протянула страницу подружкам. Она была посвящена как раз описанию автомата «Весёлая мелодия»!

— Наверное, мистер Придумщик увидел Гризельду в окно и догадался о её злобных планах, — предположила Голди. — Он не случайно вырвал именно эту страницу. Его записи помогут нам остановить ведьму!

Кошка передала инструкцию Холли, и маленькая изобретательница принялась за чтение, тихо бормоча себе под нос. Затем она без лишних слов забрала из мастерской гаечный ключ с отвёрткой и стала возиться со скрипящим автоматом.

Пушистые лапки летали над клавишами и рычагами, пока отвратительная музыка наконец не прекратилась.

Голди с девочками кинулись её обнимать.

— Ты справилась! — восклицали они. — Ура, да здравствует Холли!

Собачка так быстро завиляла хвостом, что его было и не разглядеть.

Лили широко улыбнулась.

— Осталось только спасти мистера Придумщика!

Джесс помахала волшебным ключом.

— С этим мы легко справимся!

Холли весело рассмеялась.

— Тем более что Гризельда слишком увлечена танцами! — Она указала на деревья, среди которых визжащая ведьма исполняла неуклюжие пируэты.

Голди вгляделась в небо.

— И ледяных зверей нигде не видать!

Они поспешили к дому мистера Придумщика. Девочки несли с собой автомат «Весёлая мелодия». У подножия дерева им встретилась мисс Душенька. Она летела к подружкам, тревожно хлопая крыльями.

— Ох, мои дорогие, норошо, что я вас хашла! Ой, то есть — хорошо, что я вас нашла! Я примчалась узнать, всё ли в порядке с мистером Придумщиком, не снесло ли его лавиной, и... В общем, смотрите сами!

Она махнула белым крылом, указывая на крону.

Подружки ахнули. Дом Изобретений мистера Придумщика придавило тяжёлым снегом, из-под которого проглядывали только крыша и дымоход.

— Наверное, в дерево попал огромный снежок. — Джесс покачала головой.

— Как же нам его оттуда вызволить? — запричитала Лили.

Мисс Душенька взмахнула крыльями.

— Есть у меня одна идея, — сказала она. — Скорее, мои дорогие! За помощью к Ключам зимы!

ГЛАВА ПЯТАЯ

Спасение

Солнце уже опускалось за горизонт, когда Лили, Джесс, Голди и Холли подошли к трём невысоким колоннам с Ключами зимы: заснеженным клевером, снежинкой и серебряным подснежником.

Мисс Душенька взлетела на колонну с цветком и запела:

Серебряный подснежник дарит лесу
снег,
Лепестки мерцают, испускают свет,
Растопи сугробы, маленький цветок,
И оставь немного снега —
с ноготок!

Лепестки серебристых бутончиков засверкали, и сугробы начали потихоньку таять. Не прошло и часа, как на земле остался тонкий, хрустящий слой снега. Он мягко светился под лучами заходящего зимнего солнца.

— Как вам это удалось? — удивилась Лили.

Мисс Душенька улыбнулась.

— Я неплохо разбираюсь в снежной магии, — сказала она. — Я же всё-таки полярная сова!

— Побежали скорее к дому мистера Придумщика! — тревожно мяукнула Голди. — Скоро стемнеет, и он совсем замёрзнет!

Идти по ровной дороге, а не по сугробам оказалось гораздо легче, и подружки быстро добрались до дерева. Там все с облегчением вздохнули: Дом Изобретений больше не покрывал толстый слой снега. Мисс Душенька взлетела ввысь, а Лили коснулась ствола, вызывая лестницу, и девочки с кошкой и щенком поднялись наверх по ступенькам.

Джесс приложила волшебный ключ к ручке двери. Проход открылся, и навстречу гостьям вышел мистер Придумщик. Он увидел свою невесту и ласково обнял её крыльями.

— Как же я за тебя волновался, любимая, — прошептал филин и нежно клюнул мисс Душеньку в лоб.

Сова захихикала и коснулась клювом его в ответ.

— Я так рада, что ты в порядке! Но мне нужно делить по летам… Ой, то есть лететь по делам! Проверить, всё ли готово к свадьбе. Пока! — Мисс Душенька улыбнулась и унеслась прочь.

Девочки рассказали мистеру Придумщику о своей победе над Гризельдой и не забыли упомянуть неоценимую помощь Холли. Филин не мог не гордиться своей ученицей!

— Какой шумный юнок... Я хотел сказать: умный щенок! — восхитился он и тут же добавил дрожащим от волнения голосом: — Северные олени Сверкающее Копытце так и не нашлись, и остались мы без свадебных саней. Ледострой тоже пропал, помните? Это прибор для создания ледовых скульптур. Я хотел его использовать во время празднования. Когда Гризельда заперла меня здесь, она спросила, как им пользоваться. Конечно, я ей ничего не объяснил, хотя она долго добивалась ответа. Но вдруг ведьма сама в нём разберётся?

— То есть прибор у неё? — уточнила Голди.

Мистер Придумщик кивнул.

— Скорее всего. Боюсь, что она решит блеснуть новым, кошмарным планом завтра, на Рождество!

Лили с Джесс обменялись тревожными взглядами.

Голди усадила филина в кресло и накрыла его тёплым одеялом.

— Уже поздно, — промурлыкала она. — В кромешной тьме нам не найти ни Ледострой, ни северных оленей. А чтобы завтра сражаться с Гризельдой, нам всем надо как следует выспаться.

— У меня уже слеза сгибается... Я хотел сказать, глаза слипаются! — Мистер Придумщик сладко зевнул и закрыл глаза. Всего через минуту филин уже тихо посапывал, еле слышно насвистывая себе под клюв.

— Дадим ему отдохнуть, — прошептала Голди, и подружки на цыпочках вышли за дверь.

— Ой, а давайте устроим пижамную вечеринку у меня дома! — предложила Холли.

Девочки помнили, что в их мире не пройдёт ни минутки, сколько бы они ни прожили в Лесу Дружбы, так что согласились не думая. Лили с Джесс были твёрдо настроены помешать Гризельде испортить свадьбу и Рождество.

Путь к дому Холли освещали сотни мерцающих новогодних гирлянд. Он оказался недолгим, и вскоре собачка остановилась перед небесно-голубой дверью в плотных корнях дерева.

Она принюхалась.

— М-м! Мама испекла что-то вкусное! Заходите скорее!

Жилище украшали бумажные гирлянды, алые ягоды остролиста и лампы со светлячками. В углу стояла новогодняя ёлка с цветными ёлочными шарами, укутанная серебряной мишурой.

Миссис Остролист вышла к гостям в бело-розовом фартуке в клеточку и с мукой на носике. Она поздоровалась с девочками, Голди и дочкой, а затем раздала им тёплое имбирное печенье и земляничные пироги.

— Весь день стою у духовки, — сказала она и махнула лапкой. —

Завтра Рождество, и к нам на праздник придут двоюродные сёстры и братья Холли — хаски Быстролапы!

Подружки наелись до отвала и запили сладости горячим шоколадом, который мама Холли сварила в огромной кастрюле. Собачка уснула на коленях у Лили. Скоро

и девочек с Голди начало клонить в сон. Миссис Остролист достала мягкие одеяла и укрыла ими гостей. Лили, Джесс и Голди устроились в больших уютных креслах у камина, в котором горел огонь и потрескивали поленья.

— Завтра нас ждёт счастливое Рождество, — улыбнулась Джесс. — Если, конечно, Гризельда нам не напакостит.

ИСТОРИЯ ТРЕТЬЯ

Свадебные колокольчики

ГЛАВА ПЕРВАЯ

Завтрак в гостях у Остролистов

Джесс, Лили, Холли и Голди проснулись под звон колокольчиков и радостные крики «Весёлого Рождества»! Они спрыгнули с кресел и отдёрнули занавески.

На снегу за окном остановились огромные сани, запряжённые че-

тырьмя собаками хаски с серебристой шёрсткой и заваленные подарками. На ярких коробках сидели три очаровательных, непоседливых щенка.

— Это мои двоюродные братья и сестрички, Быстролапы! — обрадовалась Холли и выбежала на улицу встречать гостей. Девочки обняли Голди и поздравили её с Рождеством, размышляя о том, как это забавно: праздновать по два

Рождества в году — одно в Лесу Дружбы и одно дома! И всё же они не забыли, что сегодня им предстоит помешать Гризельде испортить Рождество и свадьбу мистера Придумщика.

В эту минуту в гостиную ворвались родители Холли, а за ними — вся семья Быстролапов. Они трусили по полу, оставляя за собой грязные следы лап.

Холли прыснула.

— Вы только посмотрите, как вы все перепачкались, Быстролапы! А я для вас кое-что изобрела!

Лили с Джесс рассмеялись. Конечно, с «Красящими пузыриками» хаски быстро отмоются.

Наконец гостей почистили, пол протёрли, и собачки бросились обнимать всех подряд в честь праздника. Быстролапам было очень приятно познакомиться с девочками.

— Мы наслышаны о ваших победах над Гризельдой, — сообщила им бабушка Быстролап. Она представила Лили с Джесс мистеру и миссис Быстролапам, а затем с девочками поздоровались их малыши: Живчик, Снежок и крошка Энерджи.

— Вы очень смелые, — с уважением заявила Энерджи. — Я тоже стану храброй, когда вырасту! А ещё умной, как Холли.

— С Рождеством, Холли! Это тебе. — Живчик протянул ей загадочный свёрток.

Собачка разорвала упаковку дрожащими от нетерпения лапками. Бумага скрывала новенький набор инструментов! Холли подняла его высоко над головой, чтобы все смогли рассмотреть подарок.

— Спасибо большое! — с благодарностью сказала она, но тут же задумчиво нахмурилась. — Подождите минутку! — Холли выбежала из комнаты, и миссис Остролист растерянно поглядела ей вслед. Не прошло и двух минут, как собачка вернулась. В липких лапках она

сжимала пустую банку из-под Тёплых ирисок. — Я починила тормоз на ваших санях. Помните, вы сами сказали, что он слегка расшатался?

— И правда, — отозвалась миссис Быстролап. — Спасибо тебе, милая!

Девочки помогли миссис Остролист приготовить на всех завтрак: оладьи с ягодным сиропом, жареные булочки с надписями «Хо-хо-хо» из глазури и вкусную кашу с корицей, которую мама Холли сбрызнула мёдом.

Все наелись до отвала, и миссис Быстролап объявила:

— А теперь обменяемся подарками!

Щенки заскулили от восторга, а Джесс сказала:

— Мы бы с радостью тут остались, но нам надо скорее выяснить, как Гризельда может навредить Лесу Дружбы с помощью Ледостроя, который она украла у мистера Придумщика. Мы не позволим ей испортить Рождество! — Девочка заметила, что на мордочках Быстролапов написан ужас. — Мы справимся, честное слово! — пообещала она и повернулась к Голди: — И отыщем северных оленей Сверкающее Копытце.

— И не дадим сорваться свадьбе мистера Придумщика, — добавила Джесс.

Холли бойко подпрыгнула.

— Я пойду с вами! Вдруг потребуется что-нибудь починить?

— Ну конечно, — мягко ответила Лили. — Как же мы без тебя?

Они попрощались с Быстролапами, мистером и миссис Остролист и вышли на улицу. Землю покрывал тонкий слой снега, словно мерцающий ковёр. Дул прохладный ветерок, но небо было ясное, и чудесный лес светился в лучах солнца. Над девочками возвышались заснеженные деревья, украшенные стеклянными шарами. По веткам тянулась серебристая мишура, похожая на тончайшую осеннюю паутинку. В Лесу Дружбы витал дух Рождества.

Вскоре перед ними показались великолепные цветы и ледяные кусты, блестевшие под солнцем.

Лили захлопала в ладоши.

— Ледовые скульптуры! Наверное, мистер Придумщик отыскал свой Ледострой. Они такие симпатичные!

Подружки добрались до «Модной лавки» мисс Душеньки. Рядом с ней в небе витала ледяная лебедь: она словно летела, раскинув крылья.

— Какая красота! — восхитилась Холли. — Почти как настоящая!

— Вы заметили бабочек изо льда? — Голди обратила их внимание на крошечные ледовые скульптуры в виде бабочек. — Так похожи на наших подружек — Флитту и Попси.

Кошка постучала в дверь, но миссис Душенька не вышла их встретить, так что Голди с девочками смело вошли внутрь и хором прокричали:

— Весёлого Рождества!

Но тут их улыбки погасли. Подружки в ужасе уставились на фигуру в центре комнаты. Мисс Душенька в свадебном платье была закована в лёд.

Голди ахнула:

— Она замёрзла, как ледовая скульптура!

ГЛАВА ВТОРАЯ

Ледяная беда

Джесс побелела, как простыня.

— Мисс Душеньку превратили в ледовую скульптуру!

— Лебедь в полёте, бабочки... — оторопело пробормотала Голди. — Они были настоящими, а вовсе не ледовыми скульптурами!

Лили подхватила Холли на руки и прижала к груди.

— То есть Гризельда всё-таки похитила Ледострой, — прошептала она. — И наложила на него заклятье. Теперь он не создаёт ледовые скульптуры, а превращает в них живых существ!

Глаза Холли наполнились слезами.

Джесс поцеловала щенка в пушистую макушку.

— Не переживай, — ласково сказала она. — Мы найдём Гри-

зельду и отберём у неё Ледострой. Починим его и растопим мисс Душеньку!

Вот только как успеть всё исправить до свадьбы? Времени осталось не так много!

Они помчались в лес по ледяной тропе. По пути им встретились два заледеневших зайца, испуганно прижимая ушки к головам, замёрзшие на ветвях птицы и белка

Вуди Орешек: он застыл в прыжке между двумя деревьями.

Холли закрыла мордочку лапками.

— Какой ужас! — заскулила собачка.

— Мы всё исправим, — пролепетала Лили, отчаянно надеясь, что им и правда это удастся.

— Похоже, что Гризельда унеслась к своей башне, — догадалась Голди. — Давайте возьмём лодку и переплывём через Мерцающее озеро.

Подружки добрались до Мерцающего озера, но там их ждало новое потрясение: озеро превратилось в огромный ледовый каток! Ведьма его заморозила!

Голди присмотрелась к ледяному покрову.

— Он слишком тонкий и непременно треснет, если мы попытаемся перейти озеро.

Джесс нахмурилась.

— Обходить его слишком долго. Гризельда десять раз осуществит свои злобные планы, пока мы до неё добираемся. — Девочка вздохнула. — Вот бы найти безопасный способ пройти по хрупкому льду!

Холли навострила ушки.

— Сани Быстролапов! Они такие быстрые, что мигом пронесутся по озеру, не повредив лёд!

— Замечательно! — обрадовалась Голди. — Я отправлю им сообщение с бабочкой. — Она захлопала

пушистыми лапами, словно крылышками.

Ей на плечо опустилась фиолетовая бабочка. Усики Гермии печально повисли.

— Моих друзей заморозили! — пропищала малышка. — Кто мог так с ними поступить?!

— Гризельда! — хором ответили Лили, Джесс и Холли.

— Не волнуйся, — успокоила её Джесс. — Мы спасём твоих друзей. Но нам нужна твоя помощь! Передай, пожалуйста, сообщение семье Быстролапов. Они остановились в домике Холли.

Усики бабочки слегка приподнялись.

— Я домчусь до них быстрее ветра!

ГЛАВА ТРЕТЬЯ

Башня Гризельды

Как только Гермия улетела, по лесу разнёсся странный шум, как будто кто-то громко топал сквозь чащу.

— Что это? — испугалась Джесс. — Сани Гризельды?

Голди навострила уши.

— Не думаю, — сказала она. — Я слышу колокольчики.

Подружки спрятались за деревом, но улыбнулись с облегчением, как только заметили четырёх взрослых хаски Быстролапов, которые везли за собой сани с колокольчиками по обеим сторонам. Они весело звенели, а собаки приветливо лаяли.

— Спасибо, что пришли, — обратилась Лили к дедушке Быстролапу.

— Рады помочь, — ответил он. — Мы оставили щенков в домике Остролистов, так что в санях полно места! Запрыгивайте!

— Постой, Холли, — сказала миссис Быстролап собачке. — Ты побежишь впереди, рядом с бабушкой. Покажешь нам дорогу.

Холли пришла в восторг. Дедушка-хаски помог запрячь её в сани, и они понеслись вперёд по замёрзшему озеру, едва касаясь льда лапками.

— Скорее! — кричала Голди. — Замедлимся — и провалимся под лёд!

Они смогли вздохнуть с облегчением, когда добрались до противоположного берега и оказались под сенью деревьев неподалёку от серой, словно пасмурное небо, башни Гризельды.

— Она меня пугает, — заскулила Холли, выбираясь из упряжи. — А этот дверной молоток в виде морды жуткого чудища!..

— В башне полно паутины и плесени, — сообщила Голди.

— Там темно и мрачно, — добавила Лили.

— И воняет, — заключила Джесс.

Голди указала на самый верх башни, где располагалась терраса, окружённая невысокой стеной.

Там стояли сани Гризельды, а за ними — бело-синее устройство с шипами, похожими на сосульки.

— Наверняка это Ледострой! — обрадовалась кошечка. — Надо к нему подняться.

— Но как? — покачала головой Лили. — Мы с Джесс не умеем карабкаться по стенам, в отличие от тебя, Голди.

— Вот бы мы умели летать, как сани Гризельды, — вздохнула Джесс.

— Или прыгать, как белки, — добавила Лили.

Холли подпрыгнула.

— Я придумала! — воскликнула она и поспешила обратно к саням Быстролапов. Собачка вернулась с банкой Тёплых ирисок и набором инструментов. — Я оставила их в санях на всякий случай, когда чинила тормоз. Налепите ириски на подошвы ботинок! Так вы сможете цепляться за стену и лезть наверх!

— Умно придумано, — оценила Джесс.

Холли помогла девочкам прилепить конфеты к обуви и ладоням.

— Без тебя нам не починить Ледострой, Холли, — заметила Джесс. — Забирайся ко мне под пальто.

— А твои инструменты я разложу по своим карманам, — предложила Лили.

Голди уже начала карабкаться вверх, и девочки последовали её примеру. Взбираться оказалось легко и весело: ступни и пальцы прилипали к шероховатому камню и не позволяли им рухнуть на землю.

Наконец подружки перелезли через невысокую стену на террасу.

Лили крепко обняла Холли.

— Твоя задумка удалась! — похвалила она собачку.

— Тише, — прошептала Джесс. — Вдруг Гризельда нас услышит?

— А это что? — удивлённо спросила Холли, показывая на голое дерево в грязном ведре. С ветвей свисали чёрные летучие мыши,

вырезанные из бумаги. Их красные глазки зловеще мерцали. Дерево украшал лохматый чёрный ворон с клювом из лакрицы, а ведро окружали крысы, сшитые из тёмных колготок, не очень чистых на вид.

— Это новогодняя ель Гризельды! — ахнула Голди. — Фу!

— Она вот-вот вернётся, надо поспешить, — посоветовала Лили. — Холли, попробуй починить Ледострой, а мы будем тебя охра-

нять. — Она передала собачке её инструменты.

Девочки разошлись в стороны, чтобы сразу заметить появление Гризельды, а Холли принялась за работу. Она колотила, дёргала и растягивала детали механизма, и со стороны это казалось непонятным и сложным.

Голди указала на небо.

— К нам летят ледяные звери!

— Скорее, Холли! — взвизгнула Лили.

— Уже почти!.. — отозвалась собачка. Ей бы ещё несколько минут!

— Придумала! — Джесс хлопнула в ладоши. — Снежки!

Она набрала в руки побольше снега и принялась обстреливать ледяных зверей снежками. Лили с Голди последовали её примеру. Белые снаряды попадали в холодных созданий, но они всё так же мчались прямо на девочек. Жуткие существа приземлились на террасу, звеня копытами и не обращая никакого внимания на летящие в них снежки.

Холли отодвинула Ледострой, чтобы ледяные звери на него не налетели, но не удержала агрегат, и он упал набок. Внутри что-то громко щёлкнуло, и шипы-сосульки пришли в действие.

— Осторожно, они выпрыскивают льдинки! — закричала Лили.

Но это оказались не льдинки, а серебристый, тёплый туман.

— Ты справилась, Холли! — воскликнула Голди. Жидкий туман окутал ледяных существ, они покрылись рябью, замерцали и начали преображаться. Их ледовые шкуры таяли!

Не прошло и минуты, как они полностью изменились. Подружки ахнули. Перед ними предстали чудесные создания с мягкой коричневой шёрсткой и бархатистыми рогами.

— Северные олени! — восхитилась Лили.

Голди всплеснула лапами.

— Это не просто северные олени, — объяснила она. — Познакомьтесь с семьёй Сверкающее Копытце!

ГЛАВА ЧЕТВЁРТАЯ

Ягодка, Лоза и Омела

Кто бы мог подумать, что ледяные создания Гризельды окажутся зачарованными северными оленями?!

— Спасибо, что развеяли чары, — поблагодарила их самая крупная олениха. — Меня зовут Омела, а это мои сёстры — Ягодка и Лоза. Вчера мы спешили к мистеру Придумщику и встретили по дороге Гризельду. Она прицелилась в нас этим странным предметом...

— ...произнесла заклинание, и мы покрылись льдом, — закончила за неё Ягодка.

— Мы так рады снова оказаться на свободе! — воскликнула Лоза. — Вот только надо скорее улететь отсюда, а то ведьма...

Тут на спиральной лестнице послышались тяжёлые шаги.

— Гризельда! — ахнула Лили. — Бежим!

— Залезайте в сани! — крикнула Омела.

На террасу вышла ведьма. Она побагровела от ярости, а зелёные волосы разметались вокруг лица, как сердитые змеи.

— Гадкие, любопытные девчонки! — завизжала она. — Дрянные звери! Надеетесь помешать моим планам? Ха!

Пока подружки забирались в сани, Гризельда ринулась вперёд и чуть не схватила Холли за лапку. Собачка увернулась от костлявой руки ведьмы, пробежала по террасе и запрыгнула на невысокую стену.

Лили взяла поводья, развернула сани и пронеслась прямо между Гризельдой и Холли.

Джесс перегнулась через край и подхватила собачку на руки. В следующую секунду олени Сверкающее Копытце взмыли в воздух.

Ведьма гневно потрясала кулаками и вопила им вслед.

Подружки обнялись и помахали Быстролапам: хаски уже пересекли Мерцающее озеро и неслись обратно к домику Холли.

— Давайте растопим озеро, — предложила Голди.

Холли широко улыбнулась и занесла Ледострой над замёрзшей гладью. Из устройства полился тёплый туман, и холодный покров начал медленно таять. Из воды выпрыгнула яркая рыбка и тут же нырнула обратно с тихим всплеском.

Когда они пролетали над лесом, Лили поглядела вниз и улыбнулась.

— Всё такое рождественское!

Деревья были припорошены снегом, а земля блестела под зимним

солнцем. Животные в тёплых шарфиках гуляли по лесу, здоровались друг с другом и обменивались подарками.

Сани опустились чуть ниже и полетели к «Модной лавке» мисс Душеньки. По пути Холли направляла Ледострой на всех замёрзших зверей, насекомых и птиц и спасала их из ледового плена.

— Спасибо, Холли! — воскликнули кролики Длинноусы. Ведьма заморозила их в тот самый момент, когда они подавали рождественские пироги в своём кафе «Мухомор».

Лебедь расправила большие крылья и пропела:

— Наконец-то!

По лесу разносились возгласы благодарности и пожелания весёлого Рождества. Праздничный хор птиц взлетел на сани и исполнил рождественскую песню «Лоза и остролист»[1].

— Всем весёлого Рождества! — хором закричали подружки.

Сани приземлились неподалёку от «Модной лавки», и Лили с Джесс выгрузили из саней Ледострой. Они затащили его внутрь, и Холли растопила мисс Душеньку.

Лёд растаял, и девочки с восхищением уставились на полярную сову. Она казалась им ещё пре-

---

[1] Это известная английская песенка, которую поют на Рождество. По-английски она называется «The Holly and the Ivy».

лестнее прежнего. Свадебное платье из снежно-белого кружева украшали сияющие серебряные блёстки, а на изящной диадеме сверкали жемчужные нити, которые слегка покачивались при ходьбе.

— Вы такая красивая! — воскликнула Лили. — Вы в порядке?

— Да, — успокоила её мисс Душенька. — Но как же я напугалась! Стою, рассматриваю себя в зеркало, а тут эта жуткая ведьма как появится позади меня! Я развернулась и раз — вся во льду! — Сова ласково обняла девочек. — Как же мне вас отблагодарить за спасение?

Джесс рассмеялась:

— Чудесной свадьбой, конечно же!

Холли весело запрыгала:

— Ура! Свадьба!

Свадьба проходила на Серебряной лужайке, под белой аркой из переплетённых ветвей заснеженных берёз. Чудесное дерево, росшее рядом, украсили блестящими серебряными колокольчиками и мерцающими свечами. На нём всегда росла вкусная еда, а сегодня дерево порадовало гостей засахаренными фруктами и леденцами!

Животные нетерпеливо ёрзали на белых стульчиках с алыми подушками.

Из автомата «Весёлая мелодия» лилась приятная музыка, когда Лили с Джесс, держась за руки, подошли к алтарю в своих красных платьицах с перьями. Девочки улыбнулись, еле сдерживая свой восторг.

Голди дожидалась подходящего момента, чтобы провести церемонию. Мистер Придумщик стоял подле неё в красивом расшитом жилете — подарок от мисс Душеньки. Все его пёрышки сияли от счастья.

Вдруг гости ахнули, и девочки развернулись. По ковру трусила Холли в серебряной диадеме и с корзинкой алых роз в лапах.

Заиграла ещё более нежная мелодия.

— Это я написал, — прошептал мистер Придумщик. — Композиция называется «Серенада для Совы», и...

Его взгляд устремился вдаль.

К ковру, ведущему к алтарю, подошла мисс Душенька. Она расправила белые крылья, взмыла в воздух и изящно подлетела к мистеру Придумщику.

— Как те жы прекрасна!.. — прошептал филин.

ГЛАВА ПЯТАЯ

Свадьба на Рождество

Голди провела чудесную свадебную церемонию. В конце все гости хлопали в крылья, лапы и ладоши, а мистер Придумщик нежно клевал миссис Душеньку.

Новобрачные отошли от алтаря, и на ветвях каждого дерева на лужайке зазвенели весёлые колокольчики.

Холли с девочками тоже подошли к гостям, и все принялись обниматься.

— Поздравляю! — радостно воскликнула Лили.

— Приглашаем всех на свадебный пир в кафе «Мухомор»! — объявил мистер Придумщик. — Сойдём искрее! То есть — идём скорее! — Филин залез в сани вместе с невестой, и они взлетели. Гости последовали за ними, напевая: «Счастливой вам свадьбы!»

Грибная поляна пестрила бело-розовыми флажками «С днём свадьбы». Их расписала белая лебедь, Сильвия Жемчужинка. Сорока Агата Блестящее Крылышко

натянула между стволами деревьев гирлянды из звонких колокольчиков. Малиновки в красно-белых шапочках осыпали гостей, миссис Душеньку и мистера Придумщика бумажными снежинками.

Девочки с восторгом разглядывали кафе «Мухомор». На Рождество оно превратилось в ароматный

пряничный домик. Столы укрыли белые скатерти с вышитыми зелёными листами и алыми ягодами остролиста, а на них лежали рождественские хлопушки. Посреди поляны стояли три ледовые скульптуры северных оленей.

Джесс прыснула.

— Надеюсь, это не сестрёнки Сверкающее Копытце!

— Нет, — рассмеялась подошедшая к ним Лоза. — Спасибо вам, девочки, Голди, Холли.

Гости взяли со столов хлопушки, и праздничные бумажные колпаки сами прыгнули им на головы. Из хлопушек вылетели узкие разноцветные ленты завитушками и крошечные игрушечные пингвины. Малыши плюхнулись на столы, но тут же поднялись и стали бродить по белым скатертям. Зверятам они очень понравились!

Ещё в хлопушках скрывались милые подарки, выбранные с любовью. Лили достался вырезанный из дерева цветок.

— Лилия! — воскликнула девочка.

Джесс получила деревянный мячик с колокольчиком внутри.

— Феечка придёт в восторг от этой игрушки! — Она уже представила, как играет в мячик со своим котёнком.

Кролики Длинноусы вынесли огромную миску с супом из осморизы, печёный картофель с золотистой корочкой и котлетками из фундука, тарталетки с помидорами и грецкими орехами, грибной пирог и пирог из каштанов. На десерт гости получили хрустящее земляничное безе, мягкое и тягучее внутри, малиновые булочки с глазурью и шоколадный торт с кремом.

На столах появились кувшины с фруктовыми и молочными коктейлями и ежевичной шипучкой, а ещё тёплое молоко с мёдом для оленей.

Все наелись до отвала, и автомат «Весёлая мелодия» снова заиграл «Серенаду для Совы». Мистер Придумщик протянул невесте крыло.

Она улыбнулась:

— Я с падостью растанцую... Ой, то есть...

Филин улыбнулся в ответ.

— Я пебя тонял!

Девочки наблюдали за тем, как танцуют молодожёны, и не могли поверить своим глазам: пожилой филин и его прекрасная супруга элегантно скользили по полу, не путаясь в движениях.

Тут Джесс догадалась, в чём дело.

— Он же в танцетуфлях, которые смастерила для него Холли!

Собачка широко улыбнулась:

— Я их исправила прямо перед свадьбой.

— У тебя настоящий талант! — похвалила её Лили.

Джесс кивнула:

— Ты спасла свадьбу и Рождество.

— Мы спасли их вместе! — гордо заявила Холли.

Гости тоже вышли из-за столов и принялись танцевать «Кроличий канкан», «Беличий буги-вуги» и водить «Хвостатый хоровод». Девочки сразу присоединились ко всеобщему веселью.

— Научи нас новому танцу, Джесс! — попросила Лола Копуша.

— Хорошо, — отозвалась Джесс. — Это «Прыгай-Джига»!

— Что-что? — Лили удивлённо уставилась на подругу.

Джесс ухмыльнулась:

— Не знаю! Я на ходу её придумаю.

Через несколько минут гости вовсю прыгали, выделывали пируэты лапами, ногами, размахивали руками и кружились. Маленькие

зверята чуть ли не катались по полу от смеха.

Мистер и миссис Придумщики завершили праздник романтическим танцем, и пришло время им отправляться в медовый месяц. Они попрощались со своими друзьями, и их напоследок осыпали снежинками из «Дождя из конфетти».

Счастливые молодожёны забрались в сани.

— Мы проведём медовый месяц на Снежной горе! — крикнул мистер Придумщик. — Спасибо всем! Со двидания!

— Минутку, — прервала его миссис Придумщик. — Мы подготовили особенный подарок для Голди, Джесс, Силли и Ланты.

Она сбросила с саней четыре серебряные розы.

— Вора свернёмся! — пообещала невеста. — Ой, то есть — скоро вернёмся!

Сестрёнки Сверкающее Копытце взмыли в небо.

Лили с Джесс очень обрадовались подарку.

— Спасибо! — крикнули девочки.

Лили повернулась к Джесс:

— Нам тоже пора.

Холли их обняла.

— Я буду по вас скучать, — прошептала она.

Джесс пощекотала её за ушками.

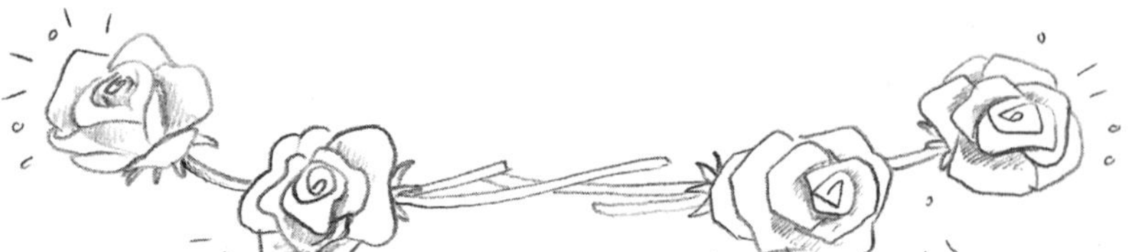

— Наверняка мы скоро увидимся!

Девочки попрощались со всеми своими друзьями, и Голди с большой сумкой в лапах проводила их до Дерева Дружбы.

— Ой, мы же так и не сняли платья подружек невесты! — внезапно осознала Лили.

— Оставьте их себе как подарок на Рождество, — улыбнулась кошка и протянула девочкам сумку. — А это ваша одежда, в которой вы пришли.

— Надо бы в неё переодеться, — заметила Джесс. — А то как мы объясним родителям, откуда у нас эти платья?

Девочки переоделись, и Голди их обняла.

— Я скоро за вами приду, — пообещала она. — Особенно если Гризельда будет нам досаждать. — Кошка прикоснулась к стволу Дерева Дружбы, и в нём появилась дверь.

Лили отворила её, и на подружек полился золотистый свет.

Они помахали Голди и шагнули внутрь. По телу пробежали мурашки: девочки снова вырастали.

Свет рассеялся, и Лили с Джесс оказались на Золотом лугу. В ту же минуту в небо взмыли гусь и гусыня.

Джесс хихикнула:

— Может, они тоже отправились в медовый месяц?

Лили вынула из кармана горсть конфетти-снежинок и бросила их в птиц. Подружки взялись за руки и побежали к ветеринарной клинике «Лапа помощи», а из карманов у них выглядывали блестящие серебряные розы.

Оглавление

СОБЕРИ ВСЮ

Закрась бабочку около тех книг, которые у тебя уже есть!

КОЛЛЕКЦИЮ!

Бельчонок
Софи,
или
Осторожно,
драконы!
Лес
Дружбы
Дейзи
Медоус

Ежонок
Эмили,
или
Корона
для умницы
Лес
Дружбы
Дейзи
Медоус

Лисичка
Тыковка,
или
Лунный камень
Лес
Дружбы
Дейзи
Медоус

Морская свинка
Рози,
или
Тайна ветра
Лес
Дружбы
Дейзи
Медоус

Щенок
Поппи,
или
Сонные
чары
Лес
Дружбы
Дейзи
Медоус

Котёнок
Амелия,
или
Колокольчик-
невидимка
Лес
Дружбы
Дейзи
Медоус

Щенок
Холли,
или
Туфли
для ведьмы
Лес
Дружбы
Дейзи
Медоус

Литературно-художественное издание
әдеби-көркемдік баспа

Для среднего школьного возраста
орта мектеп жасындағы балаларға арналған

ЛЕС ДРУЖБЫ. ВОЛШЕБНЫЕ ИСТОРИИ О ЗВЕРЯТАХ

Медоус Дейзи

ЩЕНОК ХОЛЛИ, или ТУФЛИ ДЛЯ ВЕДЬМЫ

(орыс тілінде)

Ответственный редактор *Т. Суворова*
Редактор *И. Юкио*
Младший редактор *О. Федуличева*
Художественный редактор *И. Успенский*
Технический редактор *О. Лёвкин*
Компьютерная верстка *И. Ковалева*
Корректор *Т. Бородоченкова*

ООО «Издательство «Эксмо»
123308, Москва, ул. Зорге, д. 1. Тел.: 8 (495) 411-68-86.
Home page: **www.eksmo.ru** E-mail: **info@eksmo.ru**

Өндіруші: «ЭКСМО» АҚБ Баспасы, 123308, Мәскеу, Ресей, Зорге көшесі, 1 үй.
Тел.: 8 (495) 411-68-86.
Home page: www.eksmo.ru E-mail: info@eksmo.ru.
Тауар белгісі: «Эксмо»
Қазақстан Республикасында дистрибьютор және өнім бойынша
арыз-талаптарды қабылдаушының
өкілі «РДЦ-Алматы» ЖШС, Алматы қ., Домбровский көш., 3«а», литер Б, офис 1.
Тел.: 8 (727) 251-59-90/91/92; E-mail: RDC-Almaty@eksmo.kz
Интернет-магазин: www.book24.kz
Өнімнің жарамдылық мерзімі шектелмеген.
Сертификация туралы ақпарат сайтта: www.eksmo.ru/certification

Сведения о подтверждении соответствия издания согласно законодательству РФ
о техническом регулировании можно получить по адресу: http://eksmo.ru/certification/

Өндірген мемлекет: Ресей. Сертификация қарастырылған

Дата изготовления / Подписано в печать 19.03.2018. Формат 84x108 $^{1}/_{32}$.
Гарнитура «Svetlana». Печать офсетная. Усл. печ. л. 10,08.
Доп. тираж 3000 экз. Заказ 2720

Отпечатано с готовых файлов заказчика
в АО «Первая Образцовая типография»,
филиал «УЛЬЯНОВСКИЙ ДОМ ПЕЧАТИ»
432980, г. Ульяновск, ул. Гончарова, 14

BOOK24.RU
ИНТЕРНЕТ-МАГАЗИН

ISBN 978-5-699-96826-8

9 785699 968268 >

ЕАС

Знак информационной продукции
0+

Оптовая торговля книгами «Эксмо»:
ООО «ТД «Эксмо». 142700, Московская обл., Ленинский р-н, г. Видное,
Белокаменное ш., д. 1, многоканальный тел.: 411-50-74.
E-mail: **reception@eksmo-sale.ru**

По вопросам приобретения книг «Эксмо» зарубежными оптовыми
покупателями *обращаться в отдел зарубежных продаж ТД «Эксмо»*
E-mail: **international@eksmo-sale.ru**

International Sales: International wholesale customers should contact
Foreign Sales Department of Trading House «Eksmo» for their orders.
international@eksmo-sale.ru

По вопросам заказа книг корпоративным клиентам, в том числе в специальном
оформлении, *обращаться по тел.: +7 (495) 411-68-59, доб. 2261.*
E-mail: **ivanova.ey@eksmo.ru**

Оптовая торговля бумажно-беловыми
и канцелярскими товарами для школы и офиса «Канц-Эксмо»:
Компания «Канц-Эксмо»: 142702, Московская обл., Ленинский р-н, г. Видное-2,
Белокаменное ш., д. 1, а/я 5. Тел.:/факс +7 (495) 745-28-87 (многоканальный).
e-mail: **kanc@eksmo-sale.ru**, сайт: www.**kanc-eksmo.ru**

В Санкт-Петербурге: в магазине «Парк Культуры и Чтения БУКВОЕД», Невский пр-т, д. 46.
Тел.: +7(812)601-0-601, **www.bookvoed.ru**

Полный ассортимент книг издательства «Эксмо» для оптовых покупателей:
Москва. ООО «Торговый Дом «Эксмо». Адрес: 142701, Московская область, Ленинский р-н,
г. Видное, Белокаменное шоссе, д. 1. Телефон: +7 (495) 411-50-74. **E-mail:** reception@eksmo-sale.ru
Нижний Новгород. Филиал «Торгового Дома «Эксмо» в Нижнем Новгороде. Адрес: 603094,
г. Нижний Новгород, ул. Карпинского, д. 29, бизнес-парк «Грин Плаза».
Телефон: +7 (831) 216-15-91 (92, 93, 94). **E-mail:** reception@eksmonn.ru
Санкт-Петербург. ООО «СЗКО». Адрес: 192029, г. Санкт-Петербург, пр. Обуховской Обороны,
д. 84, лит. «Е». Телефон: +7 (812) 365-46-03 / 04. **E-mail:** server@szko.ru
Екатеринбург. Филиал ООО «Издательство Эксмо» в г. Екатеринбурге. Адрес: 620024,
г. Екатеринбург, ул. Новинская, д. 2щ. Телефон: +7 (343) 272-72-01 (02/03/04/05/06/08).
E-mail: petrova.ea@ekat.eksmo.ru
Самара. Филиал ООО «Издательство «Эксмо» в г. Самаре.
Адрес: 443052, г. Самара, пр-т Кирова, д. 75/1, лит. «Е».
Телефон: +7(846)207-55-50. **E-mail:** RDC-samara@mail.ru
Ростов-на-Дону. Филиал ООО «Издательство «Эксмо» в г. Ростове-на-Дону. Адрес: 344023,
г. Ростов-на-Дону, ул. Страны Советов, д. 44 А. Телефон: +7(863) 303-62-10. **E-mail:** info@rnd.eksmo.ru
Центр оптово-розничных продаж Cash&Carry в г. Ростове-на-Дону. Адрес: 344023,
г. Ростов-на-Дону, ул. Страны Советов, д. 44 В. Телефон: (863) 303-62-10.
Режим работы: с 9-00 до 19-00. **E-mail:** rostov.mag@rnd.eksmo.ru
Новосибирск. Филиал ООО «Издательство «Эксмо» в г. Новосибирске. Адрес: 630015,
г. Новосибирск, Комбинатский пер., д. 3. Телефон: +7(383) 289-91-42. **E-mail:** eksmo-nsk@yandex.ru
Хабаровск. Филиал РДЦ Новосибирск в Хабаровске. Адрес: 680000, г. Хабаровск,
пер. Дзержинского, д. 24, литера Б, офис 1. Телефон: +7(4212) 910-120. **E-mail:** eksmo-khv@mail.ru
Тюмень. Филиал ООО «Издательство «Эксмо» в г. Тюмени.
Центр оптово-розничных продаж Cash&Carry в г. Тюмени.
Адрес: 625022, г. Тюмень, ул. Алебашевская, д. 9А (ТЦ Перестройка+).
Телефон: +7 (3452) 21-53-96/ 97/ 98. **E-mail:** eksmo-tumen@mail.ru
Краснодар. ООО «Издательство «Эксмо» Обособленное подразделение в г. Краснодаре
Центр оптово-розничных продаж Cash&Carry в г. Краснодаре
Адрес: 350018, г. Краснодар, ул. Сормовская, д. 7, лит. «Г». Телефон: (861) 234-43-01(02).
Республика Беларусь. ООО «ЭКСМО АСТ Си энд Си». Центр оптово-розничных продаж
Cash&Carry в г.Минске. Адрес: 220014, Республика Беларусь, г. Минск,
пр-т Жукова, д. 44, пом. 1-17, ТЦ «Outleto». Телефон: +375 17 251-40-23; +375 44 581-81-92.
Режим работы: с 10-00 до 22-00. **E-mail:** exmoast@yandex.by
Казахстан. РДЦ Алматы. Адрес: 050039, г. Алматы, ул. Домбровского, д. 3 «А».
Телефон: +7 (727) 251-59-90 (91,92). **E-mail:** RDC-Almaty@eksmo.kz
Интернет-магазин: www.book24.kz
Украина. ООО «Форс Украина». Адрес: 04073 г. Киев, ул. Вербовая, д. 17а.
Телефон: +38 (044) 290-99-44. **E-mail:** sales@forsukraine.com

Полный ассортимент продукции Издательства «Эксмо» можно приобрести в книжных магазинах «Читай-город» и заказать в интернет-магазине www.chitai-gorod.ru.
Телефон единой справочной службы 8 (800) 444 8 444. Звонок по России бесплатный.

Интернет-магазин ООО «Издательство «Эксмо»
www.book24.ru
Розничная продажа книг с доставкой по всему миру.
Тел.: +7 (495) 745-89-14. E-mail: **imarket@eksmo-sale.ru**